經典
少年遊

014

姜夔

愛詠梅的音樂家

Jiang K'uei
Plum Blossom Musician

繪本

故事◎張瓊文

繪圖◎57

想聽聽古代的詞是怎麼搭配曲調而唱的嗎？那就得靠宋朝唯一流傳至今的詞曲譜集《白石道人歌曲》！這本書是由姜夔所寫，他是南宋非常出名的音樂詞人。他幼年的時候失去了父親，於是開始不停地在親友家寄住。因此，他從小就懂得察言觀色，也比其他人更敏感。他常把所見所聞與感觸，透過詞曲來抒發。

姜夔很喜歡利用自己周邊的事物來創作。有一次，姜夔看到茉莉花開，就把茉莉花想像成一個可愛的女子，白皙的花瓣，就如女子姣好的身影、那青青的葉片，就像女子亮麗的黑髮。連茉莉花淡雅的幽香，都被他比作美女身上的香氣。

4

姜夔的想像力非常豐富，也因為他過人的聯想力，才能創作出一首首歌詠萬物的動人詞曲。

不ㄅㄨ過ㄍㄨㄛ最ㄗㄨㄟ常ㄔㄤ被ㄅㄟ姜ㄐㄧㄤ夔ㄎㄨㄟ拿ㄋㄚ來ㄌㄞ歌ㄍㄜ詠ㄩㄥ的ㄉㄜ，就ㄐㄧㄡ是ㄕˋ
梅ㄇㄟ花ㄏㄨㄚ了ㄌㄜ。　因ㄧㄣ為ㄨㄟ看ㄎㄢ到ㄉㄠ梅ㄇㄟ花ㄏㄨㄚ，就ㄐㄧㄡ會ㄏㄨㄟ令ㄌㄧㄥ姜ㄐㄧㄤ
夔ㄎㄨㄟ想ㄒㄧㄤ到ㄉㄠ他ㄊㄚ昔ㄒㄧ日ㄖˋ的ㄉㄜ戀ㄌㄧㄢ人ㄖㄣ。

看到梅花疏落的影子，聞到梅花的暗香，姜夔就會想起跟情人一起去摘梅花的從前。看著梅花花瓣的掉落，不禁聯想到自己不斷逝去的年華，「梅花啊梅花，你的花香，就是為了要提醒我時光不再了嗎？」無盡的感慨，只能寄託在詞曲中了。

散步到江邊，看到孤單的梅花樹，又會讓姜夔感慨起自己孤單的身影。甚至是看到飛起的鷗鳥，姜夔也會聯想到與自己分別許久的情人。想著想著，姜夔只能把自己的情感，說給梅花聽了。

情感豐沛的姜夔，不僅看到花朵能創作出優美的詞，就連生活中的小事件，也能寫成一首詞曲。

「西湖好美啊！可惜我的戀人卻再也無法跟我一起遊西湖了！」說著，姜夔又寫出一首詞。

15

聽到秋夜裡的蟋蟀鳴叫，姜夔不禁悲從中來，信手又將自己悲涼的身世與自己到處流浪的苦悶，融入在秋天的景色中，藉由蟋蟀，幫他把自己的鬱悶唱了出來。

秋去春來，姜夔創作的功力更加精進，也為他博得更多盛名。不過姜夔並不自滿，他還是希望可以創作出更多好作品。

18

「真希望能把生活中的一切都歌詠出來啊！多希望大家可以體會這些小事物的美好啊！」姜夔仍舊想著新的創作題材，讓世人可以感受到萬物的有情與奧妙！

姜夔
愛詠梅的音樂家

讀本

原著◎姜夔
原典改寫◎嚴淑女

姜夔這一生很幸運地遇到一些貴人，
因為這些人讓姜夔的音樂才華發光發熱！

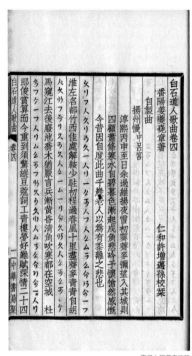

臺灣大學圖書館藏

相關的人物

姜夔

姜噩

姜夔（約 1155～約 1221 年），字堯章，號白石道人，為南宋文人。他會寫詩詞，也會譜曲，一生從未擔任官職。他過著文人雅士的恬淡生活，與當時文人辛棄疾、楊萬里皆有往來。圖為《白石道人歌曲》，為姜夔詞作的大成，也是至今唯一帶有曲譜的宋朝歌集，收錄了詞八十首，其中十七首附有曲譜，之中的十四首是他自創的新曲。

姜噩是姜夔的父親，任湖北漢陽縣知府。姜夔幼年隨父受教，擅長詩詞，熟諳音樂；並且受到父輩文墨交往的感染、城市歌舞的熏陶，為其愛好和學識的長進創造了良好的條件。但姜夔少年喪父，家道因而中落。

蕭德藻是南宋有名的詩人，自號千巖老人。他的詩風講究不落俗套，用字生硬新奇。姜夔年少喪父後，在親友的介紹下，就學於他門下。蕭德藻非常賞識姜夔的才華，並將自己的姪女嫁給姜夔為妻。他還將姜夔引介給楊萬里等知名文士，影響姜夔深遠。

蕭德藻

范成大號石湖居士，是南宋知名詩人。他的詩風格輕巧，但是好用冷僻的典故。姜夔結識了范成大等人，獲得很大的支助，尤其是范成大接濟他許多，不僅在詞曲創作上與他切磋，也提供他經濟上的協助。受到范成大的影響，姜夔的詞裡也經常使用典故。

范成大

周邦彥

周邦彥，字美成，號清真居士，是中國北宋末期著名的詞人。周邦彥精通音律，並且自創新曲，在詞壇上獨具一格。而姜夔在詞的創作上繼承了周邦彥的傳統，但他有別於周邦彥的風格，用詩的句法入詞，語言精美，創造了清新剛勁的語言風格。姜夔也能自譜新曲填詞，與周邦彥媲美。

夏承燾

夏承燾是近現代重要的詞學家，也是現代詞學的開拓者和奠基人。他對詞學鑽研甚深，其中《姜白石詞編年箋校》是他的代表著作之一，也是後人研究姜夔詞學的重要參考。

姜夔生長在南宋時期，遭遇了自身與國家的動盪不安，究竟他的一生經歷了哪些重要的時刻呢？

1127 年

北方的金國在此年攻占了北宋國都汴京，改名開封，並滅了北宋，史稱「靖康之難」。之後宋高宗定都臨安，史稱為南宋，以別於北宋。

約 1155 年

姜夔約在這一年出生，原祖籍饒州德興縣。因父親中了進士，到湖北任官，於是舉家遷入鄱陽縣入籍。鄱陽是個交通要衝，商業繁榮，文藝興盛，在此成長的姜夔很小就受到文化的浸染。

出生

相關的時間

TOP PHOTO

乾淳之治

1162 年

宋高宗退位，宋孝宗即位。宋孝宗治國有方，所以百姓生活富裕，乾道年間也沒有發生戰爭，被稱「乾淳之治」。圖為宋孝宗為奉養高宗而建的杭州最大御花園「聚景園」。

揚州慢

1176 年

這一年，二十二歲的姜夔來到了經金人兩度蹂躪後的揚州。看到了昔日繁華的商業都市，竟變得如此殘破淒涼，眼前的景象和愛國的情思，激起他強烈的感情，用精闢對比的詞藻，搭配自己創的詞調，度成〈揚州慢〉一詞，是他成熟時期的代表作。

代表作

1191 年

范成大在這一年告老還鄉，姜夔應范成大的邀請，往訪他在蘇州的石湖居處。姜夔在此賞梅遊覽後，創作出了他廣為後世稱道的詠物經典作品〈暗香〉、〈疏影〉兩曲獻給范成大。上圖為范成大的石湖別墅。

重要典籍

1197 年

姜夔將多年來對音樂的研究和意見在此年寫成了《大樂議》和《琴瑟考古圖》各一卷，呈獻給朝廷，用以議正樂典。這些撰著對我們研究中國古代音樂和古琴等樂器的演奏，具有極高參考價值。

抗金

1214 年

由於蒙古勢力的崛起，南宋趁機攻打金國，卻為金國所敗，因此南宋再度與金簽訂「嘉定和議」，增加每年獻金的歲貢。到了 1214 年七月，宋寧宗接納大臣的奏議，決定不再向金貢納。金以宋不再納歲幣為名，出兵南侵，南宋則與蒙古聯手協議擊退金軍，南宋可獲河南做回報。

過世

1221 年

姜夔一生清苦，在飽經顛沛轉徙的困頓生活後，最終病卒於臨安。死後幸得朋友捐助，才得以安葬。

姜夔在書法、詩詞與音樂上都很有成就，
但是他最出名的是在音樂方面所展現的才華。

「夔」的意思有兩種。一種是堯、舜時期掌管音樂的官吏，另一個意思則是《山海經》內的一種怪獸。牠的外型像牛，沒有角，只有一隻腳。聽說牠的聲音像雷，黃帝便把牠殺死，並把皮製成戰鼓，發出的聲音能傳到五百里外。不管是哪一種意思，「夔」始終都與音樂脫離不了關係。

夔

樂器

相關的事物

詞牌

姜夔不僅會寫詞，更善於彈琴譜曲，以及研究音律。他曾著述《琴瑟考古圖》，集結了自己對音樂的深入研究。也曾寫過《七弦琴圖說》，仔細說明南宋時期的古琴宮調，為音樂史研究，提供了豐富的資產。圖為宋代的七弦琴。

詞牌，就是曲調名。詞最初是伴歌曲而唱的，每首曲子都有一定的旋律、節奏。這些旋律、節奏就是曲調。有的曲調比較悲傷，有的曲調比較快樂，依照不同的曲調，為這些曲調取名字，就是詞牌。隨著年代久遠，這些曲調都喪失了，只剩下詞牌以及詞這些文字，但是仍然可以從詞牌與詞的特質，看出詞曾經與音樂緊密結合的關聯性。

江西詩派

江西詩派是中國文學史上第一個有正式名稱的詩文派別。北宋後期,黃庭堅在詩壇上影響很大,於是形成以其為中心的詩歌流派。姜夔不僅精通作詞,也十分擅長寫詩。他繼承了江西詩派的風格,又開創江西詩派新風,是重要的承先啟後者。

梅花

姜夔早年客居合肥時,認識一位善於彈琵琶的女子,兩人曾有過一段情。因姜夔四處客居,無法與琵琶女廝守到老。姜夔對這段感情始終無法忘懷,尤其看到梅花,就會令他回想起往事,因而寫下膾炙人口的經典詠梅詞作〈暗香〉與〈疏影〉。

梅譜

姜夔真是個愛花人,他的作品裡「花影處處」,而姜夔的好朋友范成大更寫成全世界第一本梅花專著《梅譜》。

工尺譜

工尺譜是隋唐時期產生的樂譜記法,因常出現工、尺兩個音,故名為工尺譜。這種樂譜記法到了宋朝十分流行,姜夔的《白石道人歌曲》中,就是利用工尺譜將他新編的樂曲以及舊有的詞曲記錄下來,留下了珍貴的音樂歷史紀錄。圖為北京智化寺裡明代的樂譜工尺譜石刻。

姜夔一生到處客居，足跡踏遍大江南北，每到一處
就留下許多傑出的詠物詞，現在看看哪些地方跟他有關。

鄱陽

相關的地方

鄱陽位於今日江西省波陽縣。姜
夔自幼生長在鄱陽，也在此獲得
良好的藝文薰陶，奠下了他的文
藝基礎。目前在鄱陽設立有姜夔
紀念館。完整介紹姜夔的生平，
以及展示姜夔歷來重要音樂、文
學與書法上的作品。

合肥

姜夔早年曾幾度客居合肥，也在
此結識了一位令他念念不忘的女
子。當時姜夔客居處靠近赤闌橋，
也就是今日的桐城路橋，姜夔還
曾寫了好幾首描寫合肥的詞，例
如〈鷓鴣天 · 元夕有所夢〉等。
而今，橋西南角一處有姜夔塑像
的「白石知音」景點，表明了合
肥對姜夔永遠的懷念。

湘江

姜夔也曾幾度客居湖南的湘江湖畔，並藉湘江起興，寫成了〈小重山令‧賦潭州紅梅〉與〈湘月〉等優美的詞作。圖為湘江水域上的橘子洲頭。

石湖

石湖位於蘇州，是太湖的一個內灣，山青水秀，范成大在退休後便定居於此處的「石湖別墅」，自號石湖居士。他在別墅旁種有梅花，曾邀請過姜夔來此客居，姜夔因而寫出流芳千古的詠梅經典詞曲〈暗香〉、〈疏影〉。

武康

姜夔晚年定居在武康（今浙江德清縣），因為愛上武康的溪光山色，便在山麓與白石洞天為鄰，結廬寓居，並自號白石道人。他曾在〈慶宮春〉詞序中記敘了他在白石洞天期間的生活歲月。

原典

暗香

舊時[1]月色，算幾番[2]照我，
梅邊吹笛？
喚起玉人[3]，
不管清寒[4]與[5]攀摘。
何遜[6]而今漸老，都忘卻[7]、
春風詞筆。
但怪得、竹外疏[8]花，
香冷入瑤席[9]。

1. 舊時：從前
2. 幾番：幾次
3. 玉人：美女
4. 清寒：清朗而帶寒意
5. 與：一同

6. 何遜：人名，南朝梁的詩人
7. 忘卻：忘記
8. 疏：稀疏零落
9. 瑤席：宴會

江國[10]，正寂寂。

嘆寄與路遙[11]，夜雪初積。

翠樽易泣，紅萼[12]無言耿相憶。

長記曾攜手處，

千樹壓[13]、西湖寒碧。

又片片、吹盡也，幾時見得？

10. 江國：江鄉，水鄉
11. 寄與路遙：表示音信隔絕
12. 紅萼：紅梅
13. 壓：壓倒

換個方式讀讀看

　　〈暗香〉和〈疏影〉是文學史上著名的詠物詞，也是姜夔最有名的兩首詠梅詞。他常常在一首詞前面寫下一小段話，說明他創作的原因。這兩首詞是在辛亥年的冬天，他冒著大雪去宋朝詞人范成大家中作客，住滿一個月之後，范成大邀請他創作新的詞曲，於是他就作了這兩首全新的曲調。

　　姜夔將這兩首詞取名為〈暗香〉和〈疏影〉。為什麼會取這樣的詞名呢？因為宋朝林逋有一首很有名的〈詠梅花〉詩：「疏影橫斜水清淺，暗香浮動月黃昏。」姜夔就取用詩中用來形容梅花枝條的「疏影」和梅花香氣的「暗香」。

　　姜夔現在看到的月色和以前一模一樣，他仔細算一算，月亮曾經有多少次陪伴他在梅樹下優雅地吹笛子呢？他感嘆這麼偉大的月亮，卻願意常常陪著他這個小小的詞人，就像好朋友一樣，和他一起分享微妙的心情變化。悠揚的笛聲把梅花都吹醒了，不管天氣多麼嚴寒，姜夔還是呼喚美人和他一起去摘美麗的梅花。

但是，姜夔卻感嘆愛梅的他，現在就像喜愛梅花的南朝詩人何遜一樣漸漸衰老，再也無法像當年一樣，以春風之筆寫出歌詠梅花的佳句了。就在他覺得已經沒有心情去賞梅，也失去當年的才華去詠梅的時候，奇怪的是，竹林外竟然還有幾株稀疏的梅花開放著，幽冷的香氣飄入他的屋內，好像梅花感受到姜夔的心聲，特別用花香來牽引他一樣。

　　姜夔走到屋外，眼前所見的江南水鄉卻沉寂無聲。這情景讓姜夔想起他在遠方的戀人，想把寒梅寄給她。但是路途遙遠，夜雪又開始堆積，根本無法寄贈這片相思。他只能借酒澆愁，望著青綠色酒杯哭泣流淚，紅梅也默默無語地陪著他一起懷念他的戀人。

　　姜夔永遠記得和戀人曾經攜手同行的地方，大雪過後的西湖邊，茂密的梅林盛開著許多的梅花，布滿花朵的枝椏都快碰到清寒碧綠的湖水了，呈現紅花映照碧湖的奇景。但是，現在片片的梅花都已被吹落了，也不知何時能再和戀人相見？

原典

疏影

苔枝綴玉[1]，有翠禽小小，枝上同宿[2]。

客裡相逢，籬角黃昏，無言自倚修竹[3]。

昭君不慣胡沙遠，但暗憶、江南江北。

想佩環[4]、月夜歸來，化作此花幽獨[5]。

1. 玉：玉一樣的白梅花
2. 同宿：共同棲息住宿
3. 修竹：長竹
4. 佩環：古代婦女掛在身上的玉器
5. 幽獨：幽靜孤獨

猶記深宮舊事，那人正睡裡，飛近蛾綠[6]。

莫似春風，不管盈盈[7]，早與安排金屋。

還教一片隨波去，又卻怨、玉龍哀曲。

等恁時[8]、重覓[9]幽香，已入小窗橫幅[10]。

6. 蛾綠：女子的眉毛
7. 盈盈：美好的樣子
8. 恁時：那時
9. 覓：尋找
10. 橫幅：橫掛的字畫

換個方式讀讀看

　　姜夔看到長滿苔蘚的梅枝上，點綴了像白玉一般的梅花，一對翠綠色的小鳥在樹枝上築巢休息。但是，看在一直無法當官，一生漂泊，又無法和戀人在一起的姜夔眼中，卻有一絲絲的感傷。

　　特別是他現在以一位客人的身分，借住在范成大家，當他看見如此高潔優雅的梅花時，讓他聯想到梅花就像杜甫〈佳人〉詩中「天寒翠袖薄，日暮倚修竹」那位幽居獨處的美人，在夕陽西下的時候，站在籬笆邊，倚靠著修長的竹子，默默不語。這樣的情景也讓姜夔想到杜甫在〈詠懷古蹟五首〉中的第三首詠昭君的詩中，描述王昭君被要求嫁給匈奴，但是因為不習慣匈奴住的塞外沙漠地區，只好暗中懷念大江南北無限美好的風景。假如王昭君的靈魂在月夜中回到中原地區，她身上的佩環輕輕響起，一定會變成像他現在看到那樣清幽脫俗的梅花。

　　飽讀詩書的姜夔，不僅在詞中引用詩人的名句來說明他要傳達的意境，還會利用歷史上許多關於梅花的典故，來襯托梅花的高潔優雅。就

像姜夔看見枝椏上的梅花片片飛落，就讓他想起很久以前宮中流行梅花妝的故事。有一天中午，宋武帝的女兒壽陽公主在睡午覺，一朵梅花輕輕地飄落在她的額頭上，五瓣梅花印在上面，都無法拂掉。皇后看了覺得非常漂亮，就讓梅花留在公主的額頭上。經過三天之後，洗一洗花瓣才掉落下來。因為非常特別，宮女們也開始在額頭上貼梅花瓣，這就是梅花妝的由來。

姜夔感嘆對於像美女一般的梅花，可不要像無情的春風將它們吹落，而是應該用漢武帝金屋藏嬌的方法，好好珍惜和保護它們才對。否則若是讓梅花一片片地隨波漂流，加上又吹奏著非常哀怨的〈梅花落〉笛曲，就會讓人更加難過。

到那時候，想要再重新找回優雅的梅花，就只能在畫中尋覓。因為它們早就被畫在橫幅的畫上，懸掛在小窗前了。

原典

小重山令——賦潭州紅梅

人繞湘皋[1]月墜[2]時，

斜橫花樹小，浸[3]愁漪[4]。

一春幽事有誰知？

東風冷、香遠茜裙[5]歸。

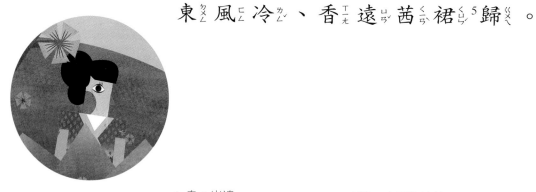

1. 皋：岸邊
2. 墜：落下
3. 浸：沉浸

4 漪：水面的波紋
5. 茜裙：紅裙

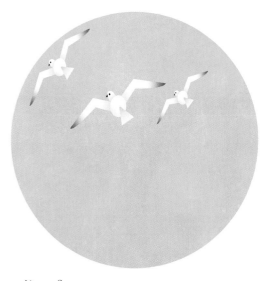

鷗⁶去昔遊非。

遙憐⁷花可可⁸，夢依依⁹。

九嶷雲⁰杳¹¹斷魂¹²啼。

相思血，都沁¹³綠筠¹⁴枝。

6. 鷗：鷗鳥
7. 憐：憐惜
8. 可可：楚楚可憐
9. 依依：留戀不捨的樣子
10. 九嶷：山名
11. 杳：消失
12. 斷魂：非常悲哀
13. 沁：滲入
14. 筠：竹子

換個方式讀讀看

　　姜夔在夜深人靜的時候，獨自走到湘江的水邊。月亮已經慢慢落下了，天很快就要亮了，但是他竟然還是繞著紅梅走了一圈又一圈，捨不得離開。因為姜夔心情不太好，看見水邊枝幹橫斜生長的梅花，花形嬌小玲瓏，讓他覺得連這樣美麗的梅花，也陪他沉浸在淡淡的哀傷中了。

　　但是，他以前的那段戀情，有誰知道呢？

　　寒冷的東風很無情，不但把紅梅的清香吹得遠遠地，還把那嬌弱的花瓣統統吹落了。這讓姜夔的心情更不好了，這樣的情景好像在暗示現實生活中，他珍愛的戀人已經離開，不可能再回來了。

　　水邊的鷗鳥也像和他相戀的女子一樣離他而去；從前曾經在一起遊玩的歡樂情景已經不存在了。但是，姜夔隱約還可以見到已經離去的戀人，像梅花一樣楚楚可憐地立在江邊；他還會常常夢見她，夢中他總是依依不捨地對她訴說思念之情。

因為姜夔站在湘江旁邊，自己的愛戀處境讓他聯想到一則遠古以前流傳的故事。相傳堯舜時代，湖南九嶷山有九條惡龍經常到湘江來戲水玩樂，牠們總是讓溪水暴漲，沖毀了農作物和房屋，老百姓的生活非常痛苦。於是愛民的舜帝就出發到南方屠龍。但是，去了很久都沒有回來，他的兩個愛妃娥皇和女英決定南下尋找他，想不到找到的是屠龍成功，卻已病死的舜帝墳墓。兩人哭了九天九夜，眼淚哭乾了，連血都哭出來了，最後死在墳墓旁邊。傳說她們的眼淚灑在竹子上，留下了一點一點的斑痕，這種竹子就叫斑竹，也叫湘妃竹。

　　姜夔藉著這個故事暗指兩位妃子就像他愛戀的人，在欣賞紅梅的時候，他把點點紅梅看成傳說中斑竹上的血斑。這種濃得化不開的思念像血一樣，都滲透到綠色的梅花枝條上了，可見姜夔對他的戀人的感情有多深啊！

原典

驀山溪——詠柳

青青[1]官柳，飛過雙雙燕[2]。
樓上對春寒，
捲珠簾[3]瞥然[4]一見。
如今春去，香絮[5]亂因風，
沾徑[6]草，惹[7]牆花，
一一教誰管。

1. 青青：草木茂盛
2. 雙雙燕：雙飛的燕子
3. 珠簾：以珍珠裝飾的簾子
4. 瞥然：一下子

5. 絮：柳絮
6. 徑：小路
7. 惹：沾上

陽關[8]去也，方表人腸斷[9]。

幾度拂[10]行軒[11]，

念衣冠樽[12]前易散[13]。

翠眉[14]織錦[15]，紅葉[16]浪題詩[17]。

煙渡口[18]，水亭邊，

長是[19]心先亂[20]。

8. 陽關：送別的地方
9. 腸斷：非常悲傷
10. 拂：攔住
11. 軒：車輛
12. 樽：酒器，也借指酒
13. 散：容易離散
14. 翠眉：美人的眉毛，
　　比喻美人
15. 織錦：編織錦緞
16. 紅葉：楓葉
17. 題詩：把詩寫在器物上
18. 渡口：過河的地方
19. 長是：總是
20. 亂：慌亂

換個方式讀讀看

　　天氣漸漸暖和了，姜夔出門散步。他看到官府所種的楊柳，青綠可愛，一對對的燕子在柳條之間穿梭。看到比翼雙飛的燕子，姜夔變得有一些難過，因為他想起了無法相見的戀人。他不再看楊柳了，把眼光移到垂掛著珠簾的高樓上，珠簾應該是為了抵擋春天的寒氣才垂掛的。沒多久，一位婦人悄悄地把珠簾捲起來。他猜想，她一定是想看春天的美景，想不到才一眼就看見那引人相思的楊柳，還有雙雙對對的燕子，她卻只能獨守空閨，等待丈夫歸來。

　　如果婦人又看見春天快要結束，柳絮隨風四處飄飛，沾在小路旁的綠草上，有些還飛到牆邊野花上的景象，一定會讓婦人擔心日夜思念的丈夫，會不會像柳絮一樣沾惹綠草和野花，在青樓妓院中流連忘返，忘了回家。如果發生這種事情，又有誰能管得了呢？

　　姜夔常常會在詞中借用其他詩人重要的詞句，來表達他想要說的意境。王維的〈送元二使安西〉：「渭城朝雨浥輕塵，客舍青青柳色新。

勸君更進一杯酒，西出陽關無故人。」當王維送朋友出陽關這個地方的時候，剛好也是楊柳青青的時節，現在姜夔看到的也是一樣的景色。所以自古以來使用「陽關」這兩個字代表送親人或朋友遠行的地方。因此姜夔寫出，如果親人要去到像陽關這麼偏遠的地方，都已經讓人傷心的柔腸寸斷了，更何況要到離陽關更遠的地方呢。

　　姜夔覺得不只人捨不得親人離開，就連楊柳也對人依依不捨，長長的柳條飛舞，好像要攔住車子，不要讓車子離開似的。但是偏偏有相聚，就有離別，人就是這麼容易在樽前離散。對於遠行親人的思念，只能像晉朝婦人蘇惠在織布中加入迴文圖詩表達情意；或像，唐朝寂寞的宮女，在紅葉上題詩，讓葉子漂流出宮送給有緣人。最後姜夔寫出柳樹通常都種在河水渡口旁邊或是水亭旁邊，這些都是送人離別傷心的地方，所以總是人都還沒到，心就開始慌亂起來了。

原典

虞美人——賦牡丹

西園[1]曾為梅花醉[2]，

葉翦[3]春雲細。

玉笙[4]涼夜隔簾吹，

臥[5]看花梢[6]搖動一枝枝[7]。

1.西園：園林	5.臥：躺下
2.醉：沉醉	6.梢：末端
3.翦：裁剪	7.一枝枝：指一朵朵盛開的牡丹花
4.笙：樂器	

娉ㄆㄥ 娉ㄆㄥ 嫋ㄋㄠˇ 嫋ㄋㄠˇ[8] 教ㄐㄠ 誰ㄕㄟˊ 惜ㄒㄧ[9]。

空ㄎㄨㄥ 壓ㄧㄚ 紗ㄕㄚ 巾ㄐㄧㄣ 側ㄘㄜˋ[10]。

沉ㄔㄣˊ 香ㄒㄧㄤ 亭ㄊㄧㄥˊ 北ㄅㄟˇ 又ㄧㄡˋ 青ㄑㄧㄥ 苔ㄊㄞˊ，

唯ㄨㄟˊ 有ㄧㄡˇ[11] 當ㄉㄤ 時ㄕˊ 蝴ㄏㄨˊ 蝶ㄉㄧㄝˊ 自ㄗˋ 飛ㄈㄟ 來ㄌㄞˊ。

8. 娉娉嫋嫋：體態美麗
9. 惜：憐惜
10. 側：旁邊
11. 唯有：只有

換個方式讀讀看

　　牡丹的嬌貴美麗，就像一位人見人愛的美女，姜夔在這首描寫牡丹的詞中，就把牡丹花比喻為唐玄宗寵愛的楊貴妃，藉著引用他們共賞牡丹花的故事，來表達他對以前的戀人深深的思念。

　　姜夔曾經在像西園這樣高貴的園林中，深深地沉醉在盛開的梅花香裡。但是，現在整個西園中那些剛開放的牡丹花，還有剛剛露出像細碎的雲朵一般的葉子嫩芽，讓姜夔覺得滿園盛開的牡丹花，竟然比他最愛的梅花還要美麗。

　　在涼風徐徐吹拂的夜晚，吹奏笙樂的音樂聲從簾子外吹了進來，姜夔躺在涼蓆上看著花園中一朵朵盛開的牡丹花在涼風的吹拂下，輕輕搖動的模樣，真是漂亮啊。這種絢麗的花朵就像體態輕盈、有著美麗容貌的美女，讓人想好好地疼惜她、保護她。

　　只是姜夔認為這樣的美女，通常都只會陪伴在戴著紗帽的皇帝身邊。就像唐玄宗為了和他最寵愛的楊貴妃一起欣賞美麗的牡丹花，叫人把

許多盛開的牡丹花移植到用沉香木蓋成的沉香亭前面。還請來大詩人李白，命令他以牡丹為題寫詩，作成著名的〈清平樂〉三章（注）。透過這三首詩，李白塑造了楊貴妃國色天香有如牡丹的美人形象。

　　說完故事之後，姜夔說像沉香亭這樣的亭子，本來是很多像唐玄宗和楊貴妃這樣的戀人相聚賞花的地方。現在雖然牡丹依舊盛開，引來不少的蝴蝶飛舞在花叢中，但是，這個亭子已經長滿青苔，很少人來這裡了。看到這個情景，讓姜夔想到他自從和戀人分開後，一直都沒有機會再見面，心裡覺得既難過又無奈，只好藉著詩詞和故事回憶以前的美好歲月。

注：
〈清平樂〉一：雲想衣裳花想容，春風拂檻露華濃。若非群玉山頭見，會向瑤台月下逢。
〈清平樂〉二：一枝紅豔露凝香，雲雨巫山枉斷腸。借問漢宮誰得似，可憐飛燕倚新妝。
〈清平樂〉三：名花傾國兩相歡，常得君王帶笑看。解釋春風無限恨，沉香亭北倚欄杆。

原典

好_{ㄏㄠˇ}事_{ㄕˋ}近_{ㄐㄧㄣˋ}——賦_{ㄈㄨˋ}茉_{ㄇㄛˋ}莉_{ㄌㄧˋ}

涼_{ㄌㄧㄤ}夜_{ㄧㄝ}摘_{ㄓㄜ}花_{ㄏㄨㄚ}鈿_{ㄊㄧㄢˊ}¹，

苒_{ㄖㄢˇ}苒_{ㄖㄢˇ}²動_{ㄉㄨㄥˋ}搖_{ㄧㄠˊ}³雲_{ㄩㄣˊ}綠_{ㄌㄩˋ}。

金_{ㄐㄧㄣ}絡_{ㄌㄨㄛˋ}一_ㄧ團_{ㄊㄨㄢˊ}香_{ㄒㄧㄤ}露_{ㄌㄨˋ}，

正_{ㄓㄥ}紗_{ㄕㄚ}廚_{ㄔㄨˊ}⁴人_{ㄖㄣˊ}獨_{ㄉㄨˊ}⁵。

1. 花鈿：女子的頭飾
2. 苒苒：草木茂盛
3. 動搖：搖動的樣子
4. 紗廚：紗帳
5. 獨：獨自

朝來碧縷放長穿，

釵頭罣層玉。

記得如今時候，

正荔枝初熟。

6.朝：早上
7.縷：線
8.穿：串
9.罣：掛
10.熟：成熟

換個方式讀讀看

　　姜夔非常喜歡歌詠各式各樣的花，在這首詞中他歌詠的是茉莉花。自古以來，不管詩人和詞人，在詩詞中寫到花的時候，通常都會將美麗的花比喻成美女。姜夔在這首關於茉莉花的詞中，也用了這樣的比喻。但是，他把茉莉花的花朵和綠葉在夜晚中搖動的姿態，描寫得更加生動；連茉莉花上的露珠，都可以描繪得靈動非凡、充滿韻味。

　　他還會運用不同顏色的形容詞，比如：白色的花、綠色的葉子、烏黑的頭髮和青綠色的線，來形容他看到的情景，不僅寫花，也寫人。另外，姜夔還以夜晚和清晨不同的時間來展示茉莉花的美，讓我們讀著姜夔的文字，感覺鼻尖彷彿飄來淡淡的茉莉清香，眼中也看到了一幅充滿美麗色彩的簪花仕女圖。

　　姜夔描寫在一個涼爽的夜晚，一位美女來到花園裡採雪白的茉莉花。

茉莉樹上翠綠油油的葉子，茂密得像天上的雲朵一樣，美女伸手摘花的時候，柔弱的枝葉也不斷輕輕地搖動。一朵朵的茉莉花上，沾滿了被花薰香的露珠，晶瑩剔透，在月光照耀下，露珠在花朵上閃耀著光。而姜夔覺得這麼美麗又清香的茉莉花，就像一位獨自坐在透明紗帳中的美女，被這樣淡淡的清香圍繞著，這幅景象，讓人充滿無限的想像。

到了早上，姜夔寫出那位摘花的美女從繡盒中挑出青綠色的線，把昨晚摘下來的那些充滿香氣的茉莉花，一朵一朵，慢慢地串起來。串好之後，她就把一串串的茉莉花插在頭頂的髮簪上。美女那一頭烏黑亮麗的秀髮上，垂掛著一串一串白色的茉莉花，就像美麗的白玉一樣。最後，姜夔還告訴我們，如果要觀賞茉莉花，必須在夏天荔枝剛剛成熟的時候，才可以看到最美的花，可千萬別錯過了。

原典

齊天樂

庾郎先自吟愁賦，
淒淒[1]更聞私語[2]。露溼銅鋪[3]，
苔侵[4]石井，都是曾聽伊處。
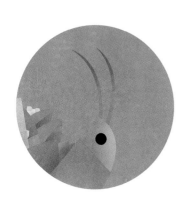
哀音[5]似訴。正思婦無眠，
起尋機杼。曲曲屏山，
夜涼獨自甚情緒。
西窗又吹暗雨。

1.淒淒：悲傷　　　　4.侵：布滿
2.私語：低聲說話　　5.哀音：悲涼哀傷的音調
3.銅鋪：銅門環

為誰頻斷續，相和[6]砧杵[7]。

候館[8]迎秋，離宮弔[9]月，

別有傷心無數。

齒詩漫與[10]，笑籬落呼燈，

世間兒女。寫入琴絲，一聲聲更苦。

（宣政間有士大夫製〈蟋蟀吟〉。）

6. 相和：互相呼應
7. 砧杵：洗衣的工具
8. 候館：旅館
9. 弔：哀傷
10. 漫與：隨意寫作

換個方式讀讀看

　　一天夜晚，姜夔的朋友張功父邀請他去張達可的家中喝酒。他們聽到牆壁間傳來蟋蟀的鳴叫聲，於是就相約作詞填曲，讓唱歌的人吟唱。張功父先完成，他的歌詞意境非常優美。秋涼的夜晚，姜夔在飄著清香的茉莉花叢中來來回回地散步，當他抬頭看見月亮高掛在空中，靜靜聽著蟋蟀的悲鳴，立刻牽動他敏感的情緒，不久就寫下這首又詠物、又抒情的傑作。在南宋的首都臨安城，大家都叫這種很會戰鬥的蟋蟀為「促織」。那些喜歡鬥蟋蟀的人，有時會用高達二、三十萬的價錢來買一隻蟋蟀，還把蟋蟀關在用象牙雕刻的籠子裡。

　　魏晉南北朝時，梁朝的庾信奉命來到長安城，後來梁朝滅亡了，他無法回家，只好寫了〈哀江南賦〉這類的哀傷文字，來思念他的故鄉。而現在聽到蟋蟀的悲鳴聲，讓姜夔覺得就像有人傷心的在低聲細語一樣。夜晚冰涼的露水浸溼了門上的銅環，用石頭砌成的井口邊長滿了青苔。這些都是思鄉的人曾經聽過蟋蟀鳴叫的地方，現在卻很少人來了，就像姜夔內心也很寂寞一樣。

蟋蟀的鳴叫，似乎在對人訴說難過的心事。正像思念丈夫的婦人，半夜睡不著，只好起床織布。卻看見屏風上曲折的高山，就像遙遠的路途，不知丈夫何時才能歸來啊！寒冷的夜晚，婦人孤單地坐著，這會是怎麼樣的滋味呢？

西窗外面又吹起細雨，蟋蟀到底為了誰鳴叫？夜晚不斷傳來洗衣服要寄給出外打仗的丈夫的婦人，那不斷捶打衣服的咚咚聲，再加上蟋蟀的叫聲，這是多麼令人傷心的聲音啊！姜夔覺得像他一樣一直在各地流浪的旅人，只能獨自在旅店迎接讓人感傷的秋天；在外地出巡的皇帝，也只能在臨時居住的行宮中，對著月亮獨自傷心。聽到這種蟋蟀的鳴叫聲，會讓人想起太多太多傷心事了。

姜夔覺得《詩經 · 豳風 · 七月》並沒有真正寫出蟋蟀悲鳴聲的含義。就像世間那些天真的小孩們，他們提著燈籠，興高采烈地呼叫著捉蟋蟀，卻不知道蟋蟀的叫聲牽動的傷心事是多麼沉重。我今天就要把蟋蟀的哀鳴聲譜成琴曲，用琴弦來彈奏，一定更能表達心中的苦悶。

原典

念ㄋㄧㄢˋ奴ㄋㄨˊ嬌ㄐㄧㄠ

鬧ㄋㄠˋ紅ㄏㄨㄥˊ[1]一ㄧ舸ㄍㄜˇ[2]，

記ㄐㄧˋ來ㄌㄞˊ時ㄕˊ嘗ㄔㄤˊ[3]與ㄩˇ鴛ㄩㄢ鴦ㄧㄤ為ㄨㄟˊ侶ㄌㄩˇ。

三ㄙㄢ十ㄕˊ六ㄌㄧㄡˋ陂ㄆㄧ[4]人ㄖㄣˊ未ㄨㄟˋ到ㄉㄠˋ，

水ㄕㄨㄟˇ珮ㄆㄟˋ風ㄈㄥ裳ㄕㄤ無ㄨˊ數ㄕㄨˋ。

翠ㄘㄨㄟˋ葉ㄧㄝˋ吹ㄔㄨㄟ涼ㄌㄧㄤ，玉ㄩˋ容ㄖㄨㄥˊ銷ㄒㄧㄠ酒ㄐㄧㄡˇ，

更ㄍㄥ灑ㄙㄚˇ菰ㄍㄨ蒲ㄆㄨˊ雨ㄩˇ。

嫣ㄧㄢ然ㄖㄢˊ[5]搖ㄧㄠˊ動ㄉㄨㄥˋ，冷ㄌㄥˇ香ㄒㄧㄤ飛ㄈㄟ上ㄕㄤˋ詩ㄕ句ㄐㄩˋ。

1.鬧紅：指池中的紅色蓮花　　4.陂：池塘
2.舸：船　　　　　　　　　　5.嫣然：優雅美好
3.嘗：曾經

日暮青蓋[6]亭亭[7]，情人不見，

爭忍凌[8]波去。

只恐舞衣寒易落，

愁入西風南浦[9]。

高柳垂陰，老魚吹浪，

留我花間住。

田田[10]多少，幾回沙際歸路。

6. 青蓋：指荷葉
7. 亭亭：高聳直立的樣子
8. 凌：跨越
9. 南浦：南邊的水岸
10. 田田：荷葉鮮碧的樣子

換個方式讀讀看

　　姜夔在武陵的朋友家中作客，他想起曾經在湖北的官府附近觀賞荷花。那是一個古城，有潺潺的溪水流過，高大的樹木幾乎和天空連在一起了。他和兩三個好朋友坐著船，慢慢地飄蕩在荷花池中，船可以很靠近荷花，讓他們一邊賞花一邊喝酒，姜夔覺得這種悠閒的景象像在仙境。秋天的時候，湖水乾枯了，只剩下荷葉立在地上。姜夔和他的朋友們排坐在荷葉下，因為荷葉太密了，往上根本看不見太陽。清風慢慢吹過來，荷葉就像綠色的雲一樣自動地飄移。姜夔從荷葉之間的空隙，偷看來往的遊客和畫船，這也是一件非常有趣的事。姜夔還想起十二年前，他也曾經好幾次到吳興縣的荷花池中遊玩。今晚他又搭著小船在西湖觀賞荷花，因為景色奇特美麗，所以特別寫下這首詞。

　　姜夔乘著船，在荷花叢中遊蕩，池中開滿鮮豔的紅色荷花，讓荷花池看起來變得很熱鬧。但是，他卻想起曾經陪他一起賞花的戀人。現在荷花依舊盛開，戀人卻已不在身邊。放眼望去，三十六處的荷花池連綿不斷，在許多遊人未曾到過的池塘中，有更多像美女一樣的荷花，用流水

當作玉珮，以清風當作衣裳。

　　翠綠的荷葉搧來陣陣涼風，紅色的荷花，就像喝酒的美女臉上的紅暈那麼美麗，如果讓菰蒲這類的水草沾上細雨，就會讓荷花和荷葉顯得更加優美。在雨中微微顫動的荷花，好像美女甜蜜的一笑，再加上一股幽香，讓詞人都忍不住想把荷花的美姿寫入詩詞中。

　　天色漸漸暗了，青綠的荷葉依然高高挺立著。見不到戀人的姜夔，卻不忍心就這樣離開。只是他擔心在寒冷的秋風中，荷花的花瓣會很容易凋落，若是他站在送別的地方吹著冷冷的西風，望著不再美麗的荷花，心裡一定會更加憂愁。

　　高高的柳樹垂下一片陰涼，湖中的大魚無憂無慮地吹動浪花，這樣的自然美景，吸引姜夔想要住在美麗的花叢中。他好多次將船划向水邊，準備回家，卻都忍不住一再地回頭，依依不捨地望著湖面上那無邊無際的荷葉叢，因為來到西湖賞荷讓他更加深對戀人的懷念。

原典

念奴嬌──謝人惠竹榻

楚山修[1]竹，

自娟娟[2]、不受人間袢[3]暑。

我醉欲眠伊伴我，

一枕涼生如許[4]。

象齒為材，花藤作面，

終是無真趣[5]。

梅風吹溽[6]，此君直恁[7]清苦。

1. 修：修長
2. 娟娟：美好
3. 袢：炎熱
4. 如許：如此

5. 真趣：自然純真的趣味
6. 溽：潮溼
7. 恁：如此，這樣

須信下榻[8]殷勤[9]，

脩然[10]成夢，夢與秋相遇。

翠袖佳人來共看，

漠漠[11]風煙千畝[12]。

蕉葉窗紗[13]，荷花池館，

別有留人處。

此時歸去，為君聽盡秋雨。

8. 榻：床
9. 殷勤：此處指常常
10. 脩然：自由自在
11. 漠漠：瀰漫密布的樣子

12. 畝：計算面積的量詞
13. 窗紗：窗上所糊的紗

換個方式讀讀看

　　這首詞是姜夔感謝朋友送他竹床所作的一首詠物詞。他藉著詠竹榻也抒發他漂泊生涯的心情。

　　位居南方的楚國山中生長著修長的竹子，姜夔覺得用這種南方的竹子做成的竹床品質非常好，睡在上面非常涼爽，一點都不會受到炎夏所影響。如果喝醉了，想要睡覺的時候，這張竹床就會陪伴著他。只要一躺下去，就會立刻覺得清涼許多，非常舒服。

　　姜夔覺得有些人認為那些用象牙為材料做成的床，再利用紫藤、白藤等各式各樣的花藤做成的床面非常珍貴而稀奇。但是，他覺得睡在那樣的床上，根本無法體會到真正的趣味。夏天一定要睡在清雅又散發著淡淡竹香的竹床上，才能享受真正清涼的樂趣。

　　夏天剛剛開始的時候，黃梅也正好成熟，吹來的風帶著一點點黃梅的味道，所以就被稱為梅風。當梅風開始吹拂的時候，天氣通常都會變得非常悶熱。但是姜夔說他的朋友送他的這張竹床還是一直非常涼爽，一點也沒有受到梅風的影響。

因為姜夔非常喜愛這張竹床，即使只有片刻的時間，他也要躺在竹床上，那種清涼的感覺，總是讓他很快地就進入夢鄉。即使在炎熱的夏天裡，他也能在夢中自然超脫地和涼爽的秋天相遇，清涼無比。姜夔躺在竹床上，發揮他的想像力，就連杜甫〈佳人〉詩中那位穿著綠色衣服的美人也一起來觀賞。他那只有幾方尺的竹床，瞬間變成像一千畝那樣寬廣的地方，上面瀰漫著風煙，可見姜夔覺得這張竹床清涼得讓他的想像力變得更加豐富了。

　　在愉快的夢境和非凡的想像之後，姜夔詞風一轉。他說那種裝著窗紗，外面種著芭蕉的房子，或是周圍有荷花池圍繞的別館，在夏天都是非常清涼的地方，但是只有富貴人家才能享用。像一直都寄人籬下，四處為家的他，只能躺在這只有幾方尺的竹床上作著清涼的夢而已啊。不過，他還是很感謝送他竹床的朋友，他說今天他拿著竹床回去，一定會早晚都躺在上面，即使在秋天下雨的時候，他也一定會想起這位送他竹床的朋友。

當姜夔的朋友

　　人總是會遇到很煩惱的事情，或許是沒錢可以吃頓大餐，或許是與家人朋友分離，這些煩惱累積起來無法排遣，真的會讓人很憂鬱，可是姜夔可不這樣想喔。

　　姜夔本來出生在一個環境不錯的家庭裡，他曾經也希望可以繼續這樣無憂無慮地生活下去。可惜天不從人願，年紀輕輕的他，父親就過世了，生活的壓力一下子全跑到他身上，那該怎麼辦才好呢？姜夔並沒有灰心，他盡情地發揮他的想像力，想像著外面世界的花花草草、萬事萬物都是他的好朋友。他把他的煩惱說給這些朋友聽，並且讓這些小事物成為他的化身，隨著自然的變遷，將這些煩惱拋開。拋開煩惱後的姜夔，再從這些細微渺小的事物中，學習到大自然的智慧，重新發掘生命的美好與力量。這就是他可以一直充滿元氣的祕方喔！

　　音樂也是姜夔的活力泉源，他在音樂方面非常有天賦。那些他和萬物分享的感情與煩惱，加入他自行創作出的曲調後，就成為一首首動人的歌謠。就是因為姜夔失去過人生很多重要的東西，於是他對萬事萬物都充滿了感謝，更懂得珍惜當下的幸福。即使仍有很多煩惱包圍著他，他還是能夠在音樂的世界裡感到滿足。

　　當姜夔的好朋友，你就可以從他的眼睛，觀察到更多更有趣、更有情感的小宇宙。同時，你更能從他的音樂裡體會到生活中微小而確切的幸福。有了姜夔，世界多美妙！

我是大導演

看完了姜夔的故事之後，
現在換你當導演。
請利用紅圈裡面的主題（音樂），
參考白圈裡的例子（例如：抒情），
發揮你的聯想力，
在剩下的三個白圈中填入相關的詞語，
並利用這些詞語畫出一幅圖。

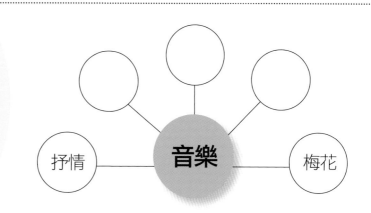

◎ 少年是人生開始的階段。因此，少年也是人生最適合閱讀經典的時候。

　　因為，這個時候讀經典，可以為將來的人生旅程準備豐厚的資糧。

　　因為，這個時候讀經典，可以用輕鬆的心情探索其中壯麗的天地。

◎ 【經典少年遊】，每一種書，都包括兩個部分：「繪本」和「讀本」。

　　繪本在前，是感性的、圖像的，透過動人的故事，來描述這本經典最核心的精神。

　　小學低年級的孩子，自己就可以閱讀。

　　讀本在後，是理性的、文字的，透過對原典的分析與說明，讓讀者掌握這本經典最珍貴的知識。

　　小學生可以自己閱讀，或者，也適合由家長陪讀，提供輔助說明。

001 詩經　最早的歌
Book of Odes:The Earliest Collection of Songs
原著／無名氏　原典改寫／唐香燕　故事／比方　繪圖／AU

聽！誰在唱著歌？「關關雎鳩，在河之洲，窈窕淑女，君子好逑。」這是兩千多年前的人民，他們辛苦工作、努力生活，把喜怒哀樂都唱進歌裡頭，也唱成了《詩經》。這是遙遠從前的人們，為自己唱的歌。

002 屈原　不媚俗的楚大夫
Ch'ü Yüan:The Noble Liegeman
原著／屈原　原典改寫／詹凱婷　故事／張瑜珊　繪圖／灰色獸

如果說真話會被討厭、還會被降職，誰還願意說出內心話？屈原卻仍然說著：「是的，我願意。」屈原的認真固執，讓他被流放到遠方。他只能把自己的真心話寫成《楚辭》，表達心中的苦悶和難過。

003 古詩十九首　亂世的悲歡離合
Nineteen Ancient Poems:Poetry in Wartime
原著／無名氏　原典改寫／康逸藍　故事／張瑜珊　繪圖／吳孟芸

蕭統喜歡文學，喜歡蒐集優美的作品。這些作品是「古詩十九首」，不知道作者是誰，也無法確定究竟來自於何時。當蕭統遇見「古詩十九首」，他看見離別的人，看見思念的人，還看見等待的人。

004 樂府詩集　說故事的民歌手
Yuefu Poetry:Tales that Sing
編者／郭茂倩　原典改寫／劉湘湄　故事／比方　繪圖／菌先生

《樂府詩集》是古老的民歌，唱著花木蘭代父從軍的勇敢，唱出了採蓮遊玩的好時光。如果不是郭茂倩四處蒐集，將五千多首詩整理成一百卷，我們今天怎麼有機會感受到這些民歌背後每一則動人的故事？

005 陶淵明　田園詩人
T'ao Yüan-ming:The Pastoral Poet
原著／陶淵明　原典改寫／唐香燕　故事／鄧芳喬　繪圖／黃雅玲

陶淵明不喜歡當官，不想為五斗米折腰。他最喜歡的生活就是早上出門耕作，空閒的時候看書寫詩，跟朋友喝點酒，開心就大睡一場。閱讀陶淵明的詩，我們也能一同享受關於他的，最美好的生活。

006 李白　長安有個醉詩仙
Li Po:The Drunken Poet
原著／李白　原典改寫／唐香燕　故事／比方　繪圖／謝祖華

要怎麼稱呼李白？是詩仙，還是酒仙？是浪漫的劍客，還是頑皮的大孩子？寫詩是他最出眾的才華，酒與月亮是他的最愛。李白總說著「人生得意須盡歡」，還說「欲上青天攬明月」，那就是他的任性、浪漫與自由。

007 杜甫　憂國的詩聖
Tu Fu:The Poet Sage
原著／杜甫　原典改寫／周姚萍　故事／鄧芳喬　繪圖／王若齊

為什麼詩人杜甫這麼不開心？因為當時的唐朝漸漸破敗，又是戰爭，又是饑荒，杜甫看著百姓失去親人，流離失所。他像是來自唐朝的記者，為我們報導了太平時代之後的動亂，我們看見了小老百姓的真實生活。

008 柳宗元　曠野寄情的旅行者
Liu Tsung-yüan:The Travelling Poet
原著／柳宗元　原典改寫／岑澎維　故事／張瑜珊　繪圖／陳尚仁

柳宗元年輕的時候就擁有好多夢想，等待實現。幾年之後，他卻被貶到遙遠的南方。他很失落，卻沒有失去對生活的希望。他走進永州的山水，聽樹林間的鳥叫聲，看湖面上的落雪，記錄南方的風景和生活。

◎ 【經典少年遊】，我們先出版一百種中國經典，共分八個主題系列：
詩詞曲、思想與哲學、小說與故事、人物傳記、歷史、探險與地理、生活與素養、科技。
每一個主題系列，都按時間順序來選擇代表性的經典書種。

◎ 每一個主題系列，我們都邀請相關的專家學者擔任編輯顧問，提供從選題到內容的建議與指導。
我們希望：孩子讀完一個系列，可以掌握這個主題的完整體系。讀完八個不同主題的系列，
可以不但對中國文化有多面向的認識，更可以體會跨界閱讀的樂趣，享受知識跨界激盪的樂趣。

◎ 如果說，歷史累積下來的經典形成了壯麗的山河，那麼【經典少年遊】就是希望我們每個人
都趁著年少，探索四面八方，拓展眼界，體會山河之美，建構自己的知識體系。
少年需要遊經典。
經典需要少年遊。

009 李商隱　情聖詩人
Li Shang-yin:Poet of Love
原著／李商隱　原典改寫／唐香燕　故事／張瓊文　繪圖／馬樂原

「春蠶到死絲方盡，蠟炬成灰淚始乾。」這是李商隱最出名的情詩。他在山上遇見一個美麗宮女，不僅為她寫詩，還用最溫柔的文字說出他的想念。雖然無法在一起，可是他的詩已經成為最美麗的信物。

010 李後主　思鄉的皇帝
Li Yü:Emperor in Exile
原著／李煜　原典改寫／劉思源　故事／比方　繪圖／查理宛豬

李後主是最有才華的皇帝，也是命運悲慘的皇帝。他的天真善良，讓他當不成一個好君主，卻成為我們心中最溫柔善感的詞人，也總是讓我們跟著他嘆息：「問君能有幾多愁，恰似一江春水向東流。」

011 蘇軾　曠達的文豪
Su Shih:The Incorrigible Optimist
原著／蘇軾　原典改寫／劉思源　故事／張瑜珊　繪圖／桑德

誰能精通書畫，寫詩詞又寫散文？誰不怕挫折，幽默頑皮面對每一次困境？他就是蘇軾。透過他的作品，我們看到的不僅是身為「唐宋八大家」的出色文采，更令人驚嘆的是他處處皆驚喜與享受的生活態度。

012 李清照　中國第一女詞人
Li Ch'ing-chao:The Preeminent Poetess of China
原著／李清照　原典改寫／劉思源　故事／鄧芳喬　繪圖／蘇力卡

李清照與丈夫趙明誠雖然不太富有，卻用盡所有的錢搜集古字畫，帶回家細細品味。只是戰爭發生，丈夫過世，李清照像落葉一樣飄零，所有的難過，都只能化成文字，寫下一句「簾捲西風，人比黃花瘦」。

013 辛棄疾　豪放的英雄詞人
Hsin Ch'i-chi:The Passionate Patriot
原著／辛棄疾　原典改寫／岑澎維　故事／張瓊珊　繪圖／陳柏龍

辛棄疾，宋代的愛國詞人。收回被金人佔去的領土，是他的夢想。他把這個夢想寫進詞裡，成為豪放派詞人的代表。看他的故事，我們可以感受「氣吞萬里如虎」的氣勢，也能體會「卻道天涼好箇秋」的自得。

014 姜夔　愛詠梅的音樂家
Jiang K'uei:Plum Blossom Musician
原著／姜夔　原典改寫／嚴淑女　故事／張瓊文　繪圖／57

姜夔是南宋詞人，同時也是音樂家，不僅自己譜曲，還留下古代的樂譜，將古老的旋律流傳到後世。他的文字優雅，正如同他敏感細膩的心思。他的創作，讓我們理解了萬物的有情與奧妙。

015 馬致遠　歸隱的曲狀元
Ma Chih-yüan:The Carefree Playwright
原著／馬致遠　原典改寫／岑澎維　故事／張瓊文　繪圖／簡漢平

「枯藤老樹昏鴉，小橋流水平沙」，是元曲家馬致遠最出名的作品，他被推崇為「曲狀元」。由於仕途不順，辭官回家。這樣曠達的思想，讓馬致遠的作品展現豪氣，被推崇為元代散曲「豪放派」的代表。

經典　○
少年遊

youth.classicsnow.net

014
姜夔 愛詠梅的音樂家
Jiang K'uei
Plum Blossom Musician

編輯顧問（姓名筆劃序）
王安憶　王汎森　江曉原　李歐梵　郝譽翔　陳平原
張隆溪　張臨生　葉嘉瑩　葛兆光　葛劍雄　鄭培凱

原著：姜夔
原典改寫：嚴淑女
故事：張瓊文
封面繪圖：57　傅馨逸
內頁繪圖：57

主編：冼懿穎
編輯：張瑜珊　張瓊文　鄧芳喬
美術設計：張士勇　倪孟慧
校對：呂佳真

企畫：網路與書股份有限公司
出版者：大塊文化出版股份有限公司
台北市10550南京東路四段25號11樓
www.locuspublishing.com
讀者服務專線：0800-006689
TEL：+886-2-87123898
FAX：+886-2-87123897
郵撥帳號：18955675
戶名：大塊文化出版股份有限公司
法律顧問：全理法律事務所董安丹律師

總經銷：大和書報圖書股份有限公司
地址：新北市新莊區五工五路2號
TEL：+886-2-8990-2588
FAX：+886-2-2290-1658
製版：沈氏藝術印刷股份有限公司

初版一刷：2012年10月
定價：新台幣299元

ISBN：978-986-213-301-9